DOCE
PROFETAS

MARINA SILVERI

Ediciones Crecimiento Cristiano

Marina Silveri

Adaptado por
José Young

Diseño Tapa: Ruth Santacruz

© **Ediciones Crecimiento Cristiano**
Córdoba 419
5903 Villa Nueva, Cba.
Argentina

Oficina@edicionescc.com
www.edicionescc.com

Ediciones Crecimiento Cristiano se dedica a
la enseñanza del mensaje evangélico
por medio de la literatura.

Primera edición: 3/92

I.S.B.N. 950-9596-50-7
Queda hecho el depósito que previene
la ley 11.723

IMPRESO EN ARGENTINA   VE8

Introducción

Vamos a ingresar ahora a una de las partes menos conocidas de la Biblia. Pocas personas leen los libros de los profetas "menores" (para distinguirlos de los "mayores" como Isaías y Ezequiel), y aún menos los comprenden.

Los profetas que vamos a considerar profetizaron durante un período de aproximadamente 300 años, un momento sumamente violento. Dan una perspectiva diferente, casi chocante, de esa época.

Los vamos a ver en orden cronológico, es decir, en vez de seguir estrictamente el orden en que aparecen en la Biblia, vamos a intentar ubicarlos en el flujo de la historia del pueblo de Israel. Reconocemos, por supuesto, que en el caso de algunos de los libros, esa ubicación será aproximada, ya que no tenemos los suficientes datos como para estar seguros de la fecha del libro.

Usaremos el diagrama que aparece en esta página para indicar la fecha relativa del profeta en cada caso. Las dos líneas representan la división de Israel en dos naciones alrededor del año 930 a.c. La nación de Israel desapareció aproximadamente en el año 720, Judá en el año 585, y los judíos regresaron a su tierra en 540.

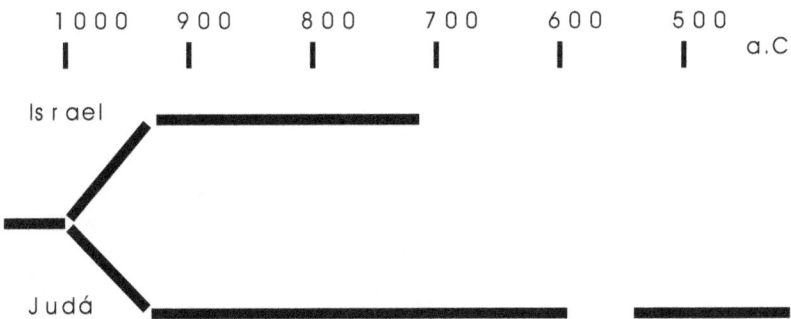

```
  1000     900      800      700      600      500
   I        I        I        I        I        I      a.C

Israel ▬▬▬▬▬▬▬▬▬▬▬▬▬▬▬▬
       ╲
▬▬▬▬▬▬╲
        ╱
Judá  ▱▬▬▬▬▬▬▬▬▬▬▬▬▬▬▬   ▬▬▬▬▬▬
```

Los estudios no son analíticos, sino orientados para dar una visión global de Dios, su pueblo y sus propósitos con ese pueblo.

Lista de estudios

Estudio	Página	Tema
	5	Prólogo
1	7	Jonás
2	12	Amós
3	17	Oseas
4	23	Miqueas
5	30	Nahúm
6	35	Sofonías
7	40	Habacuc
8	45	Hageo
9	49	Zacarías
10	54	Abdías y Joel
11	59	Malaquías
	63	Cómo utilizar este cuaderno

Prólogo

Estos doce libros de la Biblia que vamos a examinar son libros *proféticos*. Como consecuencia, pensaríamos que tratan principalmente del futuro. Pero no es así. Realmente, hay por lo menos tres dimensiones de la profecía bíblica. La primera dimensión (ver el dibujo), es la profecía "directa". Es decir, el profeta habla directamente a su pueblo, condenando, exhortando o consolando en nombre de Dios. Un buen ejemplo sería Isaías 1:10-17. Realmente, la mayor parte de la profecía del Antiguo Testamento es directa.

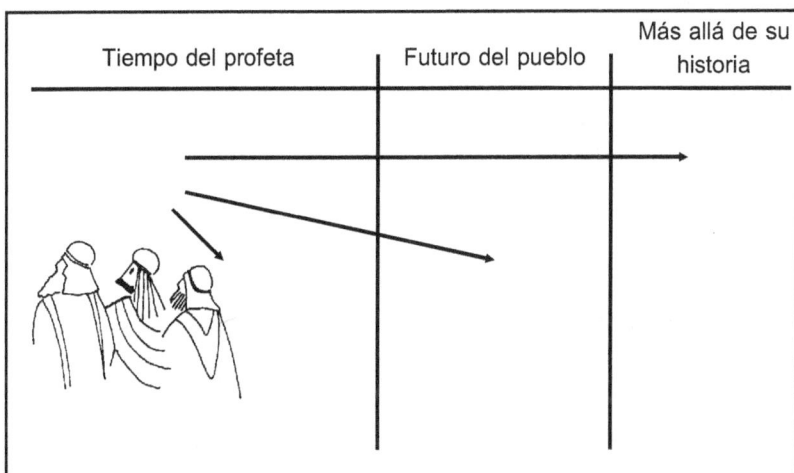

Tiempo del profeta	Futuro del pueblo	Más allá de su historia

La segunda dimensión es la profecía "futura". En este caso, el profeta habla de lo que Dios hará con su pueblo actual. Muchas veces viene en forma de advertencia o consolación. Isaías 3:1-8 nos da un ejemplo de la profecía acerca de la caída de Jerusalén cuando el pueblo fue llevado al exilio. Y luego Isaías 11:11,12 habla del retorno del pueblo a Palestina. Aunque este segundo ejemplo no es tan claro como el primero.

El problema es que hay una tercera categoría de la profecía, que habla del futuro más allá de la historia del pueblo actual de

Dios. Un claro ejemplo sería Isaías 2:1-4, que no se ha cumplido todavía.

Tomemos otro ejemplo más cerca. Lucas 21:7-38 habla del futuro, pero de *dos* futuros. En este pasaje (igual a los pasajes paralelos de Mateo y Marcos), el Señor advierte de la inminente destrucción de Jerusalén (como el v. 24), y también de su segunda venida (como el v. 27). Pero los dos temas están tan entretejidos en el relato, que es muy difícil interpretar algunos detalles. Lucas tiene los dos temas más o menos separados, pero es casi imposible distinguirlos en Mateo.

En los estudios que siguen, encontraremos estas tres categorías, y aún otras. Por ejemplo, hay profecías que tienen más de un cumplimiento, es decir, se cumplen en un momento de la historia, pero no se agotan con ese cumplimiento. Un ejemplo es Isaías 9:6,7. Reconocemos que el v. 6 se cumplió con la venida de Jesucristo, pero el v. 7 apunta, más allá de su primera venida, a la culminación de la historia humana.

Repetimos: la mayoría de la profecía de estos libros que hemos de estudiar es directa. Pero cuando no lo es, no se aflija si parece difícil de interpretar. Es difícil, y hombres de Dios han luchado durante toda la historia de la iglesia para comprenderla.

Pero la pauta es clara:

Hay cosas que no sabemos: ésas pertenecen al Señor nuestro Dios; pero hay cosas que nos han sido reveladas a nosotros y a nuestros hijos para que las cumplamos siempre: todos los mandamientos de esta ley.

(Deuteronomio 29:29)

1 Jonás

Un misionero caprichoso

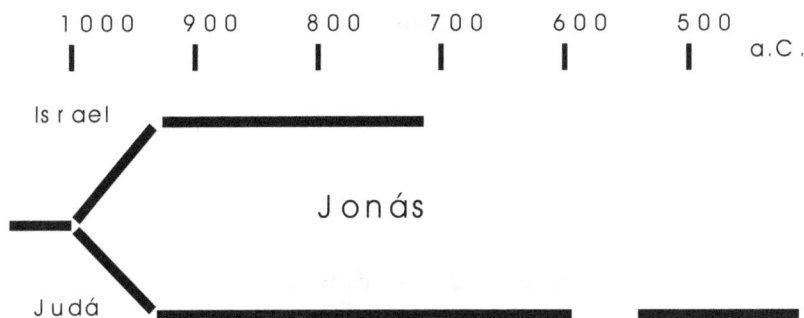

```
1000    900    800    700    600    500
 I       I      I      I      I      I   a.C.
```

Israel ━━━━━━━━━━━

Jonás

Judá ━━━━━━━━━━━━━━━   ━━━━

S eguramente, Jonás es el más conocido de los profetas menores. ¿Quién no sabe algo de su viaje desgraciado por el mar?
Sin embargo, pocos han explorado el verdadero mensaje del
libro.
   Jonás nació en un pueblo cerca de Nazaret. Profetizaba durante el reinado de Jeroboam II de Israel, y 2 Reyes 14:25 menciona
el cumplimiento de una de sus profecías.
   Este libro es distinto a los otros que hemos de ver, porque es
narración, no mensaje. Aprendemos del ejemplo de Jonás, especialmente porque es fácil vernos a nosotros mismos en su figura.
   Níneve: La ciudad principal, y la última capital de Asiria. En el
   tiempo de Jonás tenía una población de unos 120 mil habi-
   tantes (Jonás 4:11). La extensión de la ciudad mencionada
   en 3:3 probablemente se refiere a todo el distrito adminis-
   trativo (más de 50 km).
   Tarsis: Una ciudad en el oeste del mar Mediterráneo, posiblemente en España.

Recomendamos leer todo el libro antes de analizar las siguientes preguntas.

1/ 3:1 comienza con "el Señor se dirigió por segunda vez a Jonás..."

a/ ¿Cuál fue la primera vez?

b/ ¿Qué debía anunciar en Nínive?

2/ ¿Por qué Jonás elude la primera orden?

3/ ¿Qué consecuencias le acarrea la desobediencia?

4/ Viene a Jonás un segundo llamado.
a/ ¿Cómo responde Jonás al segundo llamado?

b/ ¿Qué había aprendido de Dios en su anterior desobediencia?

5/ Observe 3:3,4. ¿Cómo cumple su misión Jonás? ¿Qué actitud deja ver en su forma de actuar?

Pensemos en lo que conocemos de Nínive. Ahora sumémosle
todo el contenido afectivo que habrá tenido esta ciudad para un
hombre extranjero, judío... más precisamente para un hombre
como Jonás.

6/ Pensando en el caso de Jonás:
a/ ¿Cómo esperaría Jonás que reaccionara Nínive?

b/ ¿Cuál fue la respuesta?

7/ Pero con esto nos enfrentamos ante un problema:
a/ ¿Puede un pueblo pagano conocer a Dios?

b/ ¿Pensaría lo mismo Jonás...?

"...por eso quise huir de prisa a Tarsis..." el lugar más alejado del mundo conocido.

8/ En su reproche a Dios:

    a/ ¿qué se infiere del conocimiento de Dios que tenía Jonás?

    b/ ¿De dónde lo habrá adquirido?

9/ ¿Qué elementos cree que contribuían al enojo de Jonás?

10/ ¿Qué cosas no tuvo en cuenta acerca de Dios este misionero?

11/ Pero... ¿cómo se encargó Dios de educar a este obrero sobre su compasión? Reproduzcamos la escena lo más aproximadamente posible que podamos. ¡Usemos toda la imaginación!

Para la reflexión

- ¿Qué propósito tenía Dios para Nínive, un pueblo "pagano"?
- ¿Qué propósito tenía para su misionero rebelde?
- ¿Cómo logra Dios hacerlos compatibles?
- ¿Qué nos enseña del carácter de Dios?
- ¿Qué cosas nos acercan a Jonás? (Anotemos elementos concretos de nuestra forma de evangelizar o no.)
- ¿En qué nos diferenciamos sinceramente de él?

2 Amós

El pastor exigente

```
1000    900    800    700    600    500
  I      I      I      I      I      I    a.C.

Is r ael  ▬▬▬▬▬▬▬▬▬▬

               A m ó s

Judá      ▬▬▬▬▬▬▬▬▬▬▬▬▬    ▬▬▬▬▬▬▬
```

A mós era un pastor, oriundo de un pequeño pueblo cerca de Jerusalén. Profetizaba en la época cuando Uzías era rey de Judá, y Jeroboan II rey de Israel.

El mismo no se consideraba profeta (7:14), sin embargo Dios lo había enviado para hablar a Israel, el reino del norte. Profetizó en un momento cuando Israel prosperaba.

1/ Se puede dividir el libro en tres secciones principales. Al leer el libro, indique el contentido principal de cada sección:
Amós 1-2

Amós 3-6

Amós comienza hablando de varios pueblos paganos y de Israel, en los capítulos 1 y 2.

2/ ¿Dios considera de igual modo a los pueblos vecinos y a Israel?

a/ ¿En qué?

b/¿Por qué?

3/ Hagamos un resumen de la conducta de Israel (ver 2:6-16; 5:10-15, 21-24; 6:4-6; 8:4-7)

a/ social:

b/ económica:

c/ política:

d/ religiosa:

4/ ¿Qué cree que motivaría esta corrupción en el pueblo?

5/ ¿Cómo es Dios, según se revela en Amós?

6/ Pero los israelitas,
a/ ¿Habrán tenido ese mismo concepto de Dios?

b/ ¿Ayudaría este concepto al relajamiento en sus éticas personales y sociales? Explique.

7/ ¿Qué había hecho Dios para hacer que su pueblo cambiara de actitud?

8/ Dios promete castigar a su pueblo, pero ¿con este castigo no trasgrede el pacto de gracia hecho al pueblo antes? Ver 9:11-15.

9/ ¿Cuál es la razón para que Dios intervenga en la historia?

Para la reflexión

- El Dios que se revela en Amós, ¿se parece al Dios que entre cristianos compartimos hoy? Explique.

- ¿Por qué el concepto que tenemos de Dios se refleja tanto en la vida social, económica, y política?

3 Oseas

Esposo de la prostituta

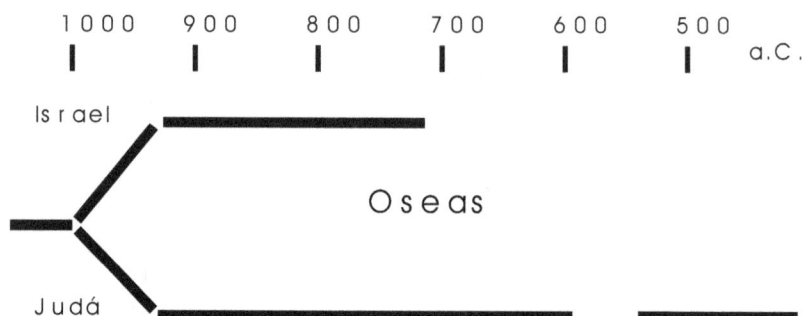

1000	900	800	700	600	500	
I	I	I	I	I	I	a.C.

Is r ael

O s e a s

J u d á

O seas, como Amós, profetizaba a Israel, y en más o menos la misma época. En realidad, Oseas estaba profetizando apenas 20 años antes de la caída de Israel.

Es el único profeta nacido en el norte del quien tenemos algo escrito. Y ese origen lo vemos reflejado en el amor profundo que sentía por su nación.

Su mensaje no es fácil. Especialmente cuando Oseas lo explica en el contexto de su matrimonio extraño. Basaremos el estudio en el canto de 2:2-23, sin embargo, conviene leer todo el libro.

1/ Según este canto,
   a/ ¿quién es el marido?

   b/ ¿quién la esposa?

c/ ¿Por qué elige esta imagen para profetizar?

Vv. 2-5

2/ ¿Cuál es el tema principal de esta primera parte?

3/ Investiguemos otros pasajes que repitan la idea y confeccionemos una lista con las características del pueblo que se mencionan en: 4:1,2; 4:11-14; 5:3-5; 5:10,11; 6:4-11; 7:1,2; 7:10,11; 8:11-14; 8:1-3; 11:12 a 12:1.

4/ Según 4:4-10, 5:1,2 y 7:3-7,
   a/ ¿A quiénes juzga especialmente Dios?

b/ ¿Por qué habrá para ellos una mención especial?

5/ ¿A qué dios conocían estos israelitas, según los pasajes que hemos leído?

6/ Este concepto de Dios, ¿qué implicancias trae para sus vidas como pueblo?

Vv. 6-13

7/ ¿Qué promete Dios para el futuro próximo?

8/ Busque: 5:8,9; 8:7-10; 9:2-6; y 10:5-8.
   a/ ¿Cómo completa estos pasajes la idea de la pregunta 7?

   b/ ¿Cómo se muestra Dios a sí mismo en estos pasajes?

9/ Busque también a 13:6-11.
   a/ ¿Qué nos enseña este pasaje acerca de su persona?

   b/ ¿Qué más nos sorprende de estas revelaciones?

10/ Constantemente aparece el tema del castigo.
a/ ¿Existía alguna posibilidad para evitarlo?

b/ ¿Podríamos fundamentarlo con algún pasaje?

Vv. 14-23.

11/ ¿A qué tiempo se refieren estos versículos?

12/ Teniendo en cuenta además 14:4-8,
a/ ¿cómo será el pueblo en este tiempo?

b/ ¿En qué tiempo se hará?

13/ Dios aquí,
   a/ ¿cómo se presenta a sí mismo?

b/ ¿No se contradice a lo que reveló anteriormente?
Explique.

14/ ¿Qué motivaría a Dios a prometer ese futuro? (que se arrepiente, que su pueblo lo merece, que olvidaría maldades, que... etc.)

Para la reflexión

• Vemos que Dios interviene tan directamente en la marcha de su pueblo.
• ¿Por qué?
• ¿Qué justificación tiene esa intervención?

4 Miqueas

Un profeta diferente...

```
1000    900     800     700     600     500
 I       I       I       I       I       I    a.C.
Israel ━━━━━━━━━━━━━━━

              Miqueas

Judá ━━━━━━━━━━━━━━━━━━━━━    ━━━━━━
```

Miqueas era un comtemporáneo del profeta Isaías, aunque tal vez más joven. Nació en un pequeño pueblo de Judá, y profetizaba a esa nación. Frente a la injusticia e inmoralidad de su pueblo, anuncia el juicio inevitable de Dios. Tal como el mensaje de Jonás conmovió al rey de Nínive, así también el mensaje de Miqueas afectó profundamente al rey Ezequías. Era tal la impresión de su mensaje en el pueblo que aun cien años después, la memoria de sus acciones salvó la vida del profeta Jeremías (Jeremías 26:16-19).

1 Sus oyentes

1/ **En los capítulos 2 y 3 vemos que Miqueas habla contra varios grupos específicos.** A continuación, anote el grupo, y sus características principales:

       Grupo   **Características**

a/

b/

c/

d/

e/

2/ ¿Qué motivaría tal conducta de parte del pueblo de Dios?

3/ ¿Quiénes sufren directamente las consecuencias de las acciones corruptas de los gobernantes y jefes de Israel?

2 Miqueas vs los "profetas" de moda.

En varios pasajes, Miqueas habla acerca de los "otros" profetas. Ver 2:6-11, 3:5-7,11.

4/ **Frente al mundo en que vivía Miqueas:**
   a/ **¿Cómo se sentía él?**

b/ Aparentemente, ¿cómo se sentían los "otros" profetas?

5/ Ellos también hablaban al pueblo.
a/ ¿Qué decían ellos?

b/ ¿Qué consecuencias habrá tenido ese mensaje?

Miqueas afirma que los "otros" profetas no tenían el Espíritu de Dios, mientras que el Espíritu sí lo acampañó a él (3:8).
6/ ¿Por qué estuvo el Espíritu con él?

3 Dios actúa en la historia de su pueblo.

Miqueas nos recuerda este concepto, y se refiere específicamente al pasado, presente y futuro del pueblo de Dios.

7/ Completemos el siguiente cuadro anotando en cada tiempo las características más sobresalientes que menciona Miqueas.

a/ El pasado (de Israel).

b/ El presente (tiempo en que vivió Miqueas).

c/ El futuro (del reino de Judá).

d/ El futuro (lejano).

Algunas preguntas para completar el cuadro:

8/ Sobre el pasado:
 a/ ¿Qué hizo Dios por Israel? (6:3-5)

b/ ¿Qué nos enseña del carácter de Dios?

9/ Sobre el presente:
 a/ ¿Cómo reacciona Dios ante la conducta de su pueblo? (cap. 3)

b/ ¿Qué espera Dios de su pueblo según 6:6-12?

c/ ¿Qué Dios creen conocer los israelitas en este momento? (ver 2:6,7; 3:11)

10/ Sobre el futuro próximo: ¿Qué entendemos de ese futuro según los siguientes pasajes: 3:12; 4:9-12; 5:10-15; 6:13-16?

11/ Pensemos de nuevo en ese futuro "lejano" que vimos en la pregunta 7. Ver 4:1-8, 11-13; 5:1-9; 7:11-20.
a/ ¿Qué hará Dios por su pueblo?

b/ ¿Qué nos enseña esto del carácter de Dios?

Para la reflexión

- Note el profundo dolor que sentía Miqueas por su pueblo (1:8, 7:1). Debemos sentir algo así por *nuestro* pueblo. ¿Por qué no lo sentimos?
- ¿Debemos los cristianos tener una "voz profética" en nuestro pueblo? ¿Cómo debe ser nuestra actitud?
- ¿Cuál debe ser nuestra "voz profética"?

5 Nahúm

¡Nínive será destruída!

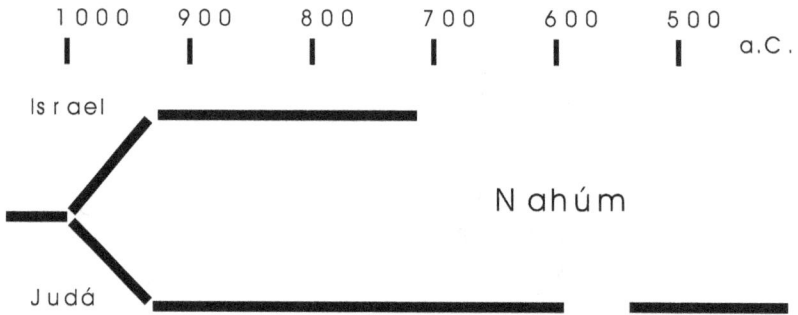

```
  1000     900     800     700     600     500
   I        I       I       I       I       I     a.C.

Israel  ▬▬▬▬▬▬▬▬▬▬▬
       ＼
        ＼                      Nahúm
       ╱
      ╱
Judá  ▬▬▬▬▬▬▬▬▬                  ▬▬▬▬▬▬
```

Con el libro de Nahúm, regresamos a considerar la ciudad de Nínive, capital del imperio asirio, y enemigo cruel de Israel. Vimos que en los tiempos de Jonás, la ciudad se arrepintió, y no fue destruída. Esta vez su caída es segura.

Nahúm posiblemente era de Judá, y profetizaba en algún momento durante los 50 años antes de la destrucción de Ninive en 612 a.C. (ver nota al final).

Nahúm comienza su profecía con un salmo a Dios.

1/ ¿Qué rasgos del carácter de Dios se mencionan en 1:2,3?

2/ Note la figura de 1:4-6.

a/ ¿Qué quería transmitir el autor con ella?

b/ ¿Qué otras características de Dios se mencionan? (Ver también el v. 7.)

c/ ¿Hay contradicciones en este "retrato" que se hace de Dios?

d/ ¿Y contradice nuestra propia imagen de Dios?

3/ ¿Cómo nos ayuda 1:8 a entender la actuación de Dios en la historia?

Por un momento volvamos imaginariamente a Nínive a presenciar su caída en manos del enemigo. Leamos detenidamente el capítulo 2 de Nahúm, una verdadera poesía.

4/ 1-6: *están listos para el ataque.*
a/ ¿Cómo se presenta al enemigo?

b/ ¿Podrían los contemporáneos de Nahúm imaginarse un enemigo más fuerte que Asiria?

5/ 7-9: *roben la plata, roben el oro.*
a/ ¿Cómo reacciona la población frente al saqueo?

b/ ¿Qué pensaría un judío de la época frente a tal escena?

6/ 10-13: *Destruída, desierta, desolada.*
a/ Finalmente, ¿cómo quedaría la ciudad?

b/ ¿Qué nos recuerda a nosotros, y a los de la época, sobre el poder de los asirios?

En la época en que se escribe, la forma de destruir definitivamente una ciudad era primero sitiarla, de esta manera se debilitaban las fuerzas; luego se la saqueaba robándole todo lo que fuera de valor; finalmente se la arrasaba. Esto es lo que nos describe en poesía Nahúm en el capítulo dos.

7/ **Si Dios iba a hacer posible esta destrucción, ¿qué aprenderían los judíos de su Dios? (Recordar aquí quién era Asiria en la época)**

8/ ¿Cuál es la razón por que se condena a Nínive según 3:1-4?

9/ ¿Cómo se caracteriza a las fortalezas, ejércitos, defensores, etc. de Nínive?

10/ ¿Qué habrá implicado esta ironía para los oyentes?

11/ ¿Qué recordarían de Dios?

Para la reflexión

• ¿Por qué se incluye en la historia del pueblo de Dios, esta profecía acerca de una nación pagana? Busque evidencias en el mismo libro.

Nota: En Agosto del año 612 a.c., un ejército combinado de medos, babilonios y escitas atacaron la ciudad, y la dejaron en ruinas. Nunca intentaron levantarla de nuevo, y quedó desolada (Nahúm 2:10) y es lugar de pastoreo (Sofonías 2:13-15). Su nombre moderno es "Tell Kymunjik", que significa "lomita de muchas ovejas".

6 Sofonías

¡El día del Señor está cerca!

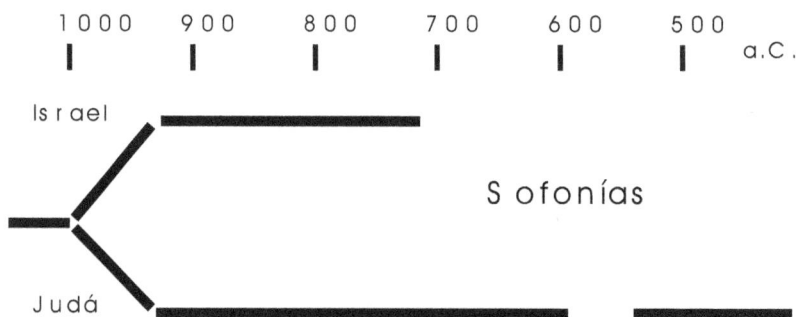

```
1000    900     800     700     600     500
 I       I       I       I       I       I    a.C.
```

Israel

Sofonías

Judá

Uno de los avivamientos más importantes en la historia de Judá antes de la destrucción de Jerusalén tuvo lugar durante el reinado de Josías, gracias a la influencia sana de Sofonías sobre el rey desde que asumió el trono a los ocho años.

Sofonías probablemente era contemporáneo de Nahúm y de Jeremías, quien vivía durante la destrucción de Jerusalén. Su tema principal en este libro es el día del Señor.

1/ ¿Cuál es el tema básico de la predicación de Sofonías desde 1:2 a 3:8?

2/ Según 1:4-13 y 3:1-8.

a/ ¿Quiénes serán los destinatarios de la ira?

b/ ¿Qué razones encontramos allí para que Dios mande el castigo?

c/ ¿Cómo es la gente en esta descripción?

3/ Pero... ¿por qué Dios castigará a toda la nación en general y no sólo a los culpables?

4/ Según 2:4-15:
   a/ ¿Quiénes más recibirán retribución por sus actos?

   b/ ¿Por qué habrá castigo para pueblos extranjeros?

5/ ¿Cuál será su plan con eso?

6/ Confeccionemos una lista con las características de ese Día del Señor.

7/ ¿Qué imagen de Dios nos sugieren estas descripciones? (Recordemos lo estudiado en el libro de Amós.)

8/ ¿Existe alguna posibilidad de salvarse de esta ira?
a/ ¿Para quiénes?

b/ ¿De qué depende?

9/ Sofonías nos deja un mensaje importante de parte de Dios en 3:9-20.
a/ ¿Cuál es el mensaje?

b/ ¿Quiénes serán los beneficiarios?

10/ Compare la primera parte de la pregunta 2, con la primera parte de la 4.

a/ ¿Son naciones o personas individuales?

b/ ¿Qué nos aclara sobre los planes de Dios para el mundo?

11/ En cuanto a ese tiempo *futuro*:

a/ ¿Cómo se caracteriza?

b/ Compare con la pregunta 8.

c/ ¿Cómo será la gente en ese tiempo? ¿Cómo vivirán?

d/ ¿Quién gobernará?

Para la reflexión

- ¿Quién es Dios según esta profecía?
- ¿Se contradicen el castigo y la redención? ¿Por qué?
- ¿Cuándo lo vemos a Dios justo, y cuándo lo vemos amor? ¿Por qué?

7 Habacuc
¿Profeta o preguntón?

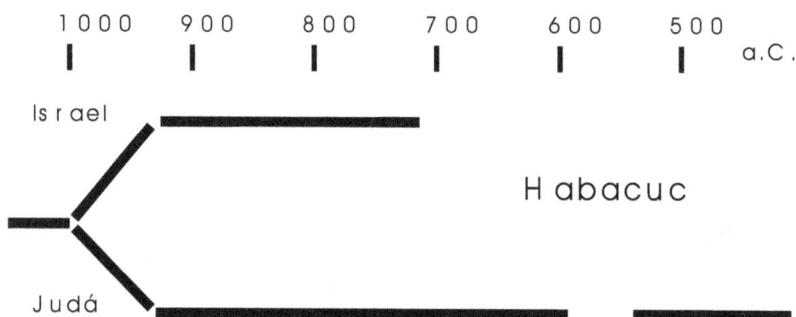

```
1 0 0 0    9 0 0    8 0 0    7 0 0    6 0 0    5 0 0
  I          I        I        I        I        I     a.C.

Is r ael  ━━━━━━━━━━━━━━━━━━━━━━

                              H abacuc

J udá     ━━━━━━━━━━━━━━━━━━━━━━━━━━━━━━━  ━━━━━━
```

Sabemos poco acerca de Habacuc como persona. Los eruditos piensan que profetizaba alrededor del año 600 a.c., pero
no se puede decir más.

Nahúm se alegraba por la destrucción de Nínive, pero Habacuc
se alarmó por los destructores, los babilonios. Su profecía tiene
que ver con el juicio de Dios sobre Israel traído por Babilonia.

Habacuc era un profeta que tenía la gran virtud de cuestionar a
Dios. Y aquí lo encontramos con dos grandes preguntas.

1/ ¿Cómo haría usted la primera pregunta de 1:2-4?

2/ Específicamente:
a/ ¿Contra quiénes habla Habacuc?

b/ ¿En qué áreas de sus vidas faltaban a Dios?

3/ Dios le responde en 1:5-11.
a/ ¿Qué respuesta concreta le da?

b/ ¿Cómo se describe a los caldeos (babilonios)?

c/ ¿Por qué Dios toma semejante medida?

4/ ¿Cuál es la segunda gran pregunta de Habacuc?

5/ Según vemos en este libro,
a/ ¿qué conocía de Dios?

b/ ¿Justifica este conocimiento su segunda queja? ¿Por qué?

6/ Nuevamente Dios contesta. Vea 2:2-4.
a/ ¿Qué principio general sobre la forma de actuar de Dios con el hombre encontramos aquí?

b/ ¿Conocemos algún versículo parecido en contenido al v. 4, pero en el Nuevo Testamento? ¿Cuál?

7/ Sobre el pasaje 2:5-20 no está muy claro contra quién se profetiza;
a/ ¿Sobre los babilonios? ¿Contra los asirios?

b/ ¿Podemos decir que es aplicable a cualquier nación que se comporte como las descripciones de los cinco: "¡Ay de ti!"?

8/ Hagamos una síntesis de los "ayes".
a/ ¿Por qué se pronuncia cada uno?

b/ ¿Quiénes son los destinatarios de estos ayes?

El último capítulo es un salmo.
9/ ¿Cómo se lo "imagina" Habacuc a Dios?

10/ ¿Qué novedades del caracter de Dios nos trae?

11/ Comparando el v. 16 con los vv. 17,18:
a/ ¿Qué sentimientos experimenta Habacuc?

b/ ¿Son contradictorios? ¿Por qué?

Para reflexionar

• Los cristianos no estamos acostumbrados a alabar la justicia de Dios. Pero ¿cómo sería hoy la iglesia si alabara *más* y *mejor* la justicia de Dios?

8 Hageo

Manos a la obra

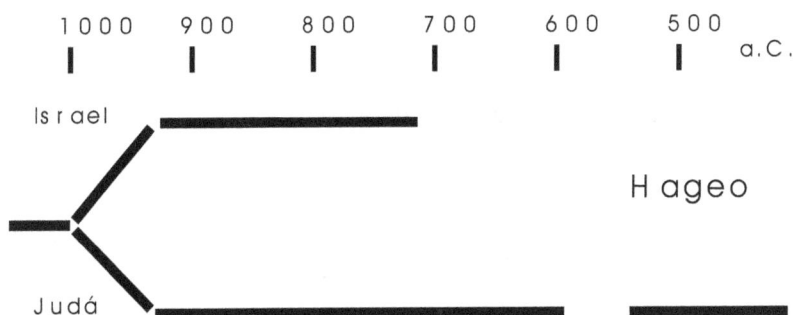

```
1000    900    800    700    600    500
 I       I      I      I      I      I    a.C.

Israel  ████████████████████

                              Hageo

      <══
Judá    ████████████████████████  ████████
```

Con Hageo, entramos en una época muy diferente de la historia de Israel. Han pasado unos 70 años desde la caída de Jerusalén. El remanente que regresó de Babilonia ha tenido 20 años para construir de nuevo la ciudad y el templo de Dios, pero dejó a un lado el templo. Hageo los reta a examinar sus prioridades.

1/ ¿A quién dirige su mensaje el profeta?

2/ ¿Por qué cree que era importante que ellos recibieran lo que Hageo tenía para decirles?

3/ Según lo que podemos deducir del pasaje:
a/ ¿Cómo vivía el pueblo en esa época?

b/ ¿Cuál era la situación espiritual?

c/ ¿Qué consecuencias les traía?

4/ ¿Qué mandamiento concreto les da Dios vía Hageo?

5/ ¿Cómo explicarían ustedes este "olvido" del pueblo después de todo lo que antes habían vivido?

6/ ¿Cómo vemos que Dios trata a su pueblo?

7/ ¿Qué aprendemos acerca de su carácter?

8/ ¿Por qué sería tan importante la reedificación del templo,
a/ para Dios?

---

b/ para los judíos?

9/ ¿En qué forma reaccionan frente al mensaje de Hageo?

10/ ¿Qué les habrá impactado más del mensaje?

Para la reflexión

- ¿Por qué el pueblo de Dios reincide en obviar de sus vidas a Dios?
- ¿Consideran que la iglesia tiene la misma tendencia? ¿Por qué?

9 Zacarías

¡Alégrate ciudad de Sión!

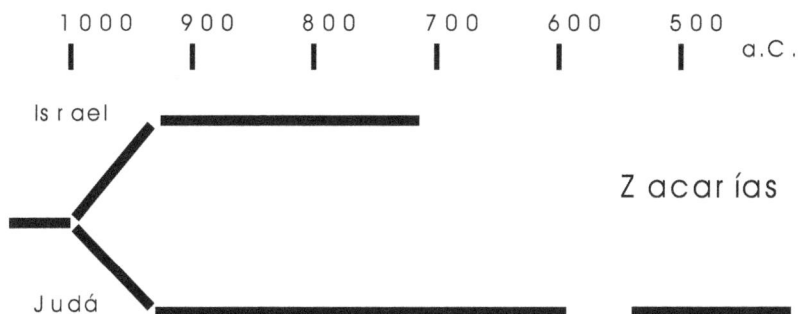

Zacarías, como Hageo, era parte del remanente que regresó a Jerusalén. Su nombre, junto con el de Hageo, se menciona en Esdras 5:1. Es posible que la primera parte del libro (capítulos 1-8) fueron escritos en su juventud, y los últimos capítulos cuando era viejo.

Vamos a limitar nuestro estudio a la segunda parte del libro (capítulos 9-14). El templo ya había sido reconstruído, pero Zacarías mira más allá a una época llena de peligros y promesas.

Capítulos 9-10

Zacarías comienza con la profecía de la destrucción de varias naciones vecinas, que fue realizado por el griego Alejandro Magno en 333 a.C.

1/ ¿Qué han hecho esas naciones para merecer ese castigo?

Pero el profeta afirma que los invasores no tocarán a Israel.
2/ ¿Qué razones da en estos dos capítulos?

3/ ¿Podían esperar, entonces, un futuro de paz y prosperidad? Explique.

Zaracías habla del Rey venidero, sin hacer distinción entre sus dos venidas.
4/ ¿Qué afirma en cuanto a:
   a/ su carácter?

b/ la manera de su llegada?

c/ la extensión de su reinado?

d/ los beneficios que trae?

Capítulo 11

El relato de los pastores tiene detalles oscuros, sin embargo, podemos buscar su idea principal. Zacarías ya había hablado en contra de los pastores (10:3).

5/ Si suponemos que las ovejas son el pueblo de Israel,
   a/ ¿qué suerte les espera?

---

b/ ¿que papel jugarán los pastores en todo esto?

Capítulos 12 y 13

6/ Aparentemente, ¿en qué época se cumple la visión de estos dos capítulos? Indique sus razones.

7/ Estos capítulos hablan de una futura liberación de Israel, pero ¿qué tiene que ocurrirle antes al pueblo?

8/ ¿Qué papel juega Dios en todo esto?

Capítulo 14

El capítulo comienza anunciando el día del Señor, figura común también en el Nuevo Testamento.

9/ El centro de la escena es Jerusalén.
   a/ ¿Quiénes vienen contra la ciudad?

b/ ¿Qué ocurre con ellos?

10/ En cuanto a la ciudad,
   a/ ¿Cuál es su experiencia?

b/ ¿Cuál es su lugar futuro entre las naciones?

11/ ¿Qué implican los vv. 20 y 21 en cuanto al futuro de la ciudad?

Para la reflexión

• Al estudiar estos diferentes libros de profecía, constantemente sale la tension entre las promesas de Dios, y la actuación de su pueblo. ¿Cuál tiene predominio, o juegan papeles iguales en la determinación del futuro?

10 Abdías y Joel

¡El sentido de la oportunidad!

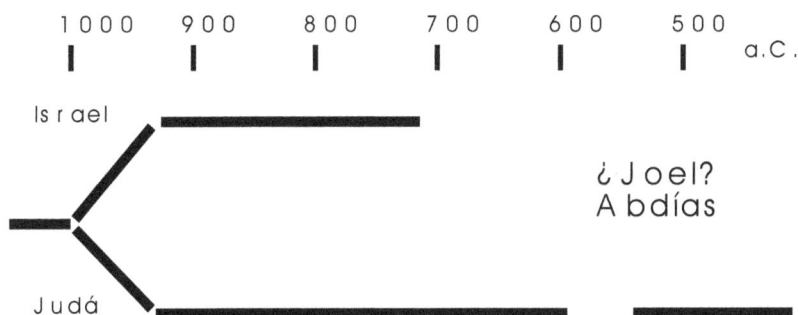

```
1000    900    800    700    600    500
  I      I      I      I      I      I    a.C.
```

Is r ael ▬▬▬▬▬▬▬▬▬

¿ J oel?
A bdías

J udá ▬▬▬▬▬▬▬▬▬   ▬▬▬

Estos dos libros son difíciles de ubicar históricamente. Joel, por ejemplo no da referencias personales ni históricas en su libro. Algunos eruditos piensan que era contemporáneo de Amós; otros lo ubican en los tiempos de Malaquías. Hemos decidido colocar su libro en esta parte del estudio mayormente por el contenido de su mensaje.

Abdías, por otro lado, nos da suficientes referencias como para ubicarlo después de la destrucción de Jerusalén, probablemente en los tiempos de Malaquías.

Los dos libros miran más allá de su historia hacia el futuro reino de Dios.

Abdías

1/ ¿Qué le ocurrirá a Edom?

2/ ¿Qué relación existía entre Edom y Judá?

3/ ¿Qué había hecho Edom contra Judá?

4/ Supongamos que el librito de Abdías terminara en el vs. 15a. ¿Qué justificación o explicación tiene la intervención de Dios en la historia del mundo, en este caso, en la historia particular de Edom?

5/ Pero... el libro continúa. Según los vv. 15b a 21,
a/ ¿qué planes tiene Dios para el futuro?

b/ ¿Qué explican estos planes sobre el castigo a Edom?

c/ ¿Cómo explica el día del Señor para *todas* las naciones?

6/ Habrá un rey en ese futuro. ¿Quién será?

Joel

En 1:2 a 2:27 encontramos a Joel aprovechando una terrible plaga de langostas, seguida de sequía, para reflexionar sobre lo que sería el Día del Señor: ¡esto se llama tener sentido de la oportunidad!

7/ Según 2:27, ¿cuál es el propósito que perseguía Dios para actuar sobre Judá, en este caso con una plaga?

8/ ¿Cuál será la meta, según 3:17, para el juicio de las naciones?

9/ 2:28-3:3 comienza con "después de estas cosas".
   a/ ¿A qué tiempo se refiere aquí el profeta?

   b/ ¿Quiénes serán los beneficiarios de estas bendiciones?

   c/ ¿Cuándo ocurrió efectivamente eso? Ver Hechos 2:4-21.

10/ En cuanto al día del Señor:
a/ ¿Qué será?

b/ ¿Quiénes serán juzgados?

c/ ¿Quiénes se salvarán, según 2:32?

11/ ¿Qué relación existe entre:
a/ el día que derrama su Espíritu y el día del Señor?

b/ el día de salvación y el día de juicio?

12/ ¿Qué es más importante para Dios: la salvación o el juicio?

Para la reflexión

Abdías supo ver lo que nadie veía en su época, el día en que el pueblo de Dios sería restaurado. Joel vió nada menos que en las langostas la mano del Señor. Ambos supieron interpretar las "señales de su tiempo".

- ¿Dios interviene hoy en nuestra historia? ¿Cuáles son sus señales?
- ¿Podemos leer lo que la mano de Dios escribe en nuestro tiempo?

11 Malaquías

El Señor no ha cambiado

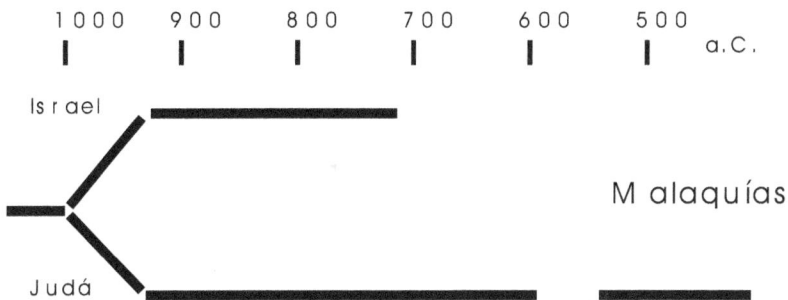

Es Malaquías quien tiene la última palabra en el Antiguo Testamento. Escribe en un momento cuando el templo había sido restaurado, y ofrecían sacrificios de nuevo. Pero el celo del pueblo que había regresado desde Babilonia se había apagado, y de nuevo era necesario anunciar el juicio de Dios.

Ver Malaquías 2:17-3:17

1/ **¿Qué aprendemos sobre este pasaje de la actitud de los judíos de la época?**

2/ ¿Cuál era su estado anímico?

3/ ¿Cuál su situación espiritual?

4/ **Analicemos los argumentos que esgrimen contra Dios: ¿qué concepto de Dios tendrían?**

5/ **Pero Dios se revela a sí mismo:**
   a/ **¿Qué características de su carácter nos da el pasaje?**

---

b/ ¿Coincide con nuestro concepto de Dios?

c/ ¿En qué?

Ahora veamos las promesas que se dan.
7/ ¿Qué hará Dios, seguramente, por su pueblo (ver 3:1-5).

8/ ¿Es para salvación o para juicio?

9/ ¿Qué conductas juzgará Dios en su pueblo?

10/ ¿Qué otra promesa da Dios según 3:6-12?

11/ ¿De qué depende?

12/ ¿Por qué Dios hace promesas incondicionales y otras condicionales?

13/ ¿Qué nos enseña sobre la relación de Dios con su pueblo?

Para la reflexión

- ¿Cuál es, en sentido general, la razón por la que Dios decide intervenir en la historia del hombre desde Abraham, pasando por Moisés, los jueces, los profetas, hasta Jesús?

Cómo utilizar este cuaderno

Estos cuadernos son guías de estudio, es decir, su propósito es guiarle a usted para que haga su propio estudio del tema o libro de la Biblia que desarrolla este material. El cuaderno propone un diálogo. En él introducimos el tema, sugerimos cómo proceder con la investigación, comentamos, pero también preguntamos. Los espacios después de las preguntas son para que usted anote su respuesta a ellas. Esperamos que, por medio del diálogo, le ayudemos a forjar su propia comprensión del tema. No de segunda mano, como cuando se escucha un sermón, sino como fruto de su propia lectura y investigación.

¿Cómo hacer el estudio?

1 - Antes de comenzar, ore. Pida ayuda a Dios que le hable y le dé comprensión durante su estudio.
2 - Se deben leer los pasajes bíblicos más de una vez y preguntarse: ¿Qué dice el autor? Aunque muchos utilizan la versión Reina-Valera de la Biblia, conviene tener otra versión o versiones disponibles para comparar los pasajes entre las dos. La "Versión popular" y la "Nueva versión internacional" le pueden ayudar a ver el pasaje con más claridad.
3 - Siga con la lectura de la lección. Responda lo mejor que pueda a las preguntas.
4 - Evite la tendencia de "apurarse para terminar". Es mejor avanzar lentamente, pensando, preguntando, aclarando.

En grupo

El estudio personal es de mucho valor pero se multiplican los beneficios si lo acompaña con el estudio en grupo. Un grupo de hasta 8 personas es lo ideal. Pero, puede ser que por diferentes motivos el grupo esté formado por usted y una persona más, aun así, es mejor que estudiar solo.

En realidad, estos cuadernos han sido diseñados con ese motivo: estimular el estudio en células, en grupos pequeños. La manera de hacerlo es fácil:

1 - Usted hace en forma personal una de las lecciones del cuaderno. Aun cuando pueda haber cosas que no entienda bien, haga el mayor esfuerzo posible para completar la lección.

2 - Luego se reune con su grupo. En el grupo comparten entre todos las respuestas de cada pregunta. Puede ser que no tengan las mismas respuestas, pero comparando entre todos las van aclarando y corrigiendo.
Es durante este compartir semanal de una hora y media, este diálogo entre todos, donde se encuentra la verdadera riqueza y que nos provée esta forma de estudio.

3 - Evite salirse del tema. El tiempo es oro, y lo más importante es enfocar todo el esfuerzo del grupo en el tema de la lección. Luego, pueden dedicar tiempo para conocerse más y tener un rato social.

4 - Participe. Todos deben participar. La riqueza del trabajo en grupo es justamente eso.

5 - Escuche. Hay una tendencia de apurar nuestras propias opiniones sin permitir que el otro termine. Vamos a aprender de cada uno, aun de los que, según nuestra opinión, están equivocados.

6 - No domine la discusión. Puede ser que usted tenga todas las respuestas correctas, sin embargo es importante dar lugar a todos, y estimular a los tímidos a participar. No se trata de sobresalir, sino de compartir aprendiendo juntos.

Si en el grupo no hay una persona con experienca en coordinarlo, se puede encontrar ayuda para dirigir un grupo en:

1 - Nuestra página web, www.edicionescc.com. La sección "Capacitación" ofrece una explicación breve del método de estudio.

2 - En las últimas páginas de nuestro catálogo se ofrece también una orientación.

3 - El cuaderno titulado "Células y otros grupos pequeños" es un curso de capacitación para los que desean aprender

---

cómo coordinar un grupo.

4 - Hay algunas guías que disponen de un cuaderno de sugerencias para el coordinador del grupo.

Finalmente diremos que las guias no contienen respuestas a las preguntas ya que el cuaderno es exactamente eso, una guia, una ayuda para estimular su propio pensamiento, no un comentario ni un sermón. Le marcamos el camino, pero usted lo tiene que seguir.

Que el Señor lo acompañe en esta tarea y si necesita ayuda, comuníquese con nosotros. Estamos para servirle.

Se terminó de imprimir en

Talleres Gráficos de

Ediciones CC

Córdoba 419 - Villa Nueva, Pcia de Córdoba

Mayo de 2014

IMPRESO EN ARGENTINA